INVENTAIRE
D
73700

D

PETITE BIBLIOTHÈQUE FRANCISCAINE

SANCTIFICATION

PRATIQUÉE

DANS LES DÉTAILS DE LA VIE

PAR

LE R. P. SIMON DE BUSSIÈRES

SEPTIÈME ÉDITION

SE TROUVE

chez les Religieuses Franciscaines

LA TESTE, A BORDEAUX

Tous droits réservés.

APPROBATION
DE LA PREMIÈRE ÉDITION

Nous avons lu l'opuscule intitulé : *La Mortification*, etc..., par le P. SIMON, Religieux de notre Province. Nous l'approuvons, en ce qui nous concerne, et nous lui souhaitons de faire aimer et pratiquer une vertu essentielle du Christianisme, vertu que notre siècle est loin d'aimer et plus loin encore de pratiquer.

Donné à Bordeaux, en notre Couvent de Notre-Dame-des-Anges, le 11 novembre 1873.

Fr. RAPHAEL,
Provincial des Franciscains.

IMPRIMATUR

P. GERVAIS,
Vicarius generalis.
Burdigalæ, 29 novembris 1873.

D. Albertus LEPIDI, O.P.
S. P. Ap. Mag.

Permis de réimprimer :

Fr. GUY DAVAL,
O. F. M. min. prov.

A TOUS LES CHRÉTIENS

Les mots **pénitence**, **mortification**, font frémir notre nature délicate. La mortification nous semble une vertu de surérogation, une vertu pratiquée ou praticable seulement dans les cloîtres, ou même une vertu qui n'est plus de *mode*.

Quand on nous parle de pénitence, nous croyons voir devant nous les héros de la solitude qui se labourent les reins de sanglantes disciplines, et nous laissons échapper ces paroles :

Dieu ne le commande pas.

**On peut faire son salut sans cela.
C'est impossible** — peut-être même :
C'est folie.

Voilà ce que nous disons ; et, parce que nous ne comprenons pas la mortification, nous ne faisons rien, ou plutôt nous faisons beaucoup, nous endurons beaucoup, mais comme nous ne dirigeons pas notre intention, tout ce que nous souffrons ne nous sert de rien.

Une chose m'a toujours frappé : on admire la vie pleine de mérites du Religieux Franciscain, de la fille de sainte Claire, du Trappiste, de la Carmélite, parce que leur vie est une vie de mortification. Mais combien de personnes dans le monde sont astreintes par leur condition ou leurs affaires à une vie aussi mortifiée, plus dure même ? Hélas ! elles ne savent pas en profiter ni l'offrir à Dieu, et voilà pourquoi cette vie, quoique très pénible en elle-même, n'est d'aucun mérite pour le ciel. Quelle perte !

En coûterait-il davantage, pour l'offrir à Dieu ? — Non...

Apprenons donc à être plus sages dorénavant et sachons profiter, pour acheter le Ciel, des perles précieuses que nous rencontrons à chaque pas dans le cours de la vie. Pour cela, étudions avec soin plusieurs questions de la plus haute importance pour tout chrétien :

1° *En quoi consiste la Mortification ?*

2° *Est-il possible et facile de se Mortifier dans le monde ?*

3° *De quelle nécessité est la Mortification ?*

4° *Quels avantages y a-t-il à se Mortifier ?*

5° *Quel esprit doit nous animer dans nos pratiques de Mortification ?*

6° *Jusque dans quels détails de la vie peut-on pratiquer la Mortification ?*

Lisez, cher lecteur, lisez attentivement ces lignes et vous verrez clairement que la Mortification est accessible et facile à tous les âges, à toutes les conditions; vous comprendrez de combien de *misères* elle nous délivre et quelles douces joies elle nous procure.

LA MORTIFICATION

PRATIQUÉE

DANS TOUS LES DÉTAILS DE LA VIE

CHAPITRE PREMIER

En quoi consiste la Mortification ?

La chair, les passions, les sens, dit La Luzerne, sont des sujets indociles toujours prêts à se révolter et qu'on ne peut contenir qu'en les soumettant à un régime ferme et sévère. C'est à refuser ce qu'ils nous demandent que consiste la Mortification.

La Mortification consiste à nous renoncer à nous-même, à porter notre croix. — « La Mortification, dit le Père Saint-Jure, est un refus continuel à la nature corrompue, une résistance habituelle à ses mouvements ; c'est une croix où tous les membres du corps sont cloués pour ne plus se mouvoir que selon l'esprit de Notre-Seigneur crucifié ; c'est un dépouillement des mœurs du *vieil homme* pour se revêtir de l'*homme nouveau.* »

Par la Mortification, on se vide de soi-même pour se remplir de Dieu ; on *meurt* à soi pour vivre en Dieu et pour Dieu.

Mortifier ses yeux, ses oreilles, sa langue, ses mains, son entendement, sa volonté, c'est détourner ces facultés de l'inclination qu'elles ont naturellement au mal et ne s'en servir que selon la volonté de Dieu.

1° La Mortification est *intérieure* ou *extérieure*, selon qu'on mortifie les sens ou les passions de l'âme, comme nous le dirons plus tard.

2° La Mortification est encore *active* ou *passive* suivant qu'on se fait mourir ou qu'on se laisse mourir.

En tant qu'*active*, la Mortification est cette vertu qui **modère, retient, réprime, garde, rompt** et **corrige** la nature chaque fois qu'elle veut s'éloigner du droit chemin ; c'est cette vertu courageuse qui **cherche** le vice jusque dans ses racines, lors même qu'il ne paraît plus, afin de le mortifier, de le détruire entièrement (de le *faire mort*).

En tant que *passive*, la Mortification est cette vertu qui nous fait supporter, endurer, accepter l'anéantissement, la mort, les épreuves qui nous arrivent, comme conséquence de notre condition ou des circonstances.

La Mortification *active* est une lutte, un combat. Ici, non content de se défendre des assauts de la chair et du monde, on est encore agresseur, on *attaque* ses passions, on *repousse les plaisirs* de cette vie. — C'est là se renoncer et porter sa croix après Jésus-Christ.

Pour en arriver là, il faut bien comprendre ces paroles : *la vie de l'homme sur la terre est un combat, — Le royaume des cieux souffre violence. — Il n'y a que les courageux qui le ravissent.*

La Mortification *passive* nous arrive à toute heure, elle ne dépend pas de nous; nous devons, néanmoins, tâcher de faire de nécessité vertu, afin que si nous sommes obligés de souffrir les maladies, le travail, les tentations, les peines d'esprit, nous en tirions au moins quelque fruit.

3° Enfin, la Mortification *active* est *privative* ou *positive* : j'appelle *privative* celle qui nous prive de ce qui pourrait être agréable ou même avantageux à la nature comme les jeûnes, les abstinences, le silence, la solitude, etc., etc... La Mortification *positive* est celle qui donne formellement de la peine, du travail, de la douleur ou de l'humiliation.

Dans l'état d'innocence, la chair obéissait à l'esprit, la sensualité à la raison, et le tout à Dieu. C'était l'harmonie et l'intelligence la plus parfaite. « Notre âme, selon saint Ambroise, était un vrai paradis de délices (1), elle commandait en maîtresse à toutes ses passions qui dépendaient entièrement de sa volonté pour leur naissance, leur durée et leur force. Mais depuis le péché, la chair s'est révoltée contre l'esprit; il y a dans toutes nos facultés un véritable désordre. Or, la Mortification consiste à rétablir l'ordre, l'harmonie; elle consiste à rendre l'âme indépendante des appétits déréglés du corps, à lui faire reprendre toute son autorité. »

1. *De Paradiso*, c. XI.

Voilà ce que c'est que la Mortification; or, je dis qu'elle est possible, plus facile qu'on ne le croit, et que, malgré la répugnance que nous en avons, nous y trouvons de très grands avantages.

CHAPITRE II

Est-il possible et facile de pratiquer la Mortification dans le monde ?

La Mortification est très possible dans le monde, et d'autant plus facile qu'on en trouve de nombreuses occasions : n'est-on pas obligé de vivre souvent avec des caractères difficiles, de pourvoir à mille nécessités, de traiter des affaires ennuyeuses, écrasantes, de supporter, bon gré, mal gré, la contradiction, la médisance, l'injustice ? Dans le monde, l'heure du lever est quelquefois avancée, celle du coucher souvent retardée pour vaquer aux affaires; les repas ne sont pas réglés; les maladies viennent tour à tour exercer votre patience; on n'y est à l'abri ni du froid ni de la chaleur. Combien de plaisirs, d'ailleurs bien légitimes, passent devant vous sans que vous puissiez les goûter, parce que le temps, l'âge, la santé, la fortune même ne vous le permettent pas ! Pour goûter un plaisir, à quoi ne vous assujétissez-vous pas; et quelle contrainte vous vous faites !!!

Qu'est-ce que tout cela? ne sont-ce pas des souffrances, des pénitences et des Mortifications inévitables? mais pour les rendre méritoires vous devez les offrir à Dieu; et cette offrande il vous suffit de la faire intérieurement tous les matins par exemple en vous levant.

Si pour un plaisir charnel vous savez vous faire violence, ne pouvez-vous rien faire pour un plaisir plus pur et plus durable, plaisir, bonheur que donne à l'âme la pratique de la vertu? Vous pouvez donc, même dans le monde, pratiquer la Mortification, et cette mortification *passive* que vous y trouvez vous sera d'autant plus méritoire qu'elle n'est pas le choix de votre volonté propre.

La Mortification même *active*, est possible dans toutes les conditions. Approchez vos lèvres du calice amer, commencez à vous mortifier dans les petites choses; il n'y a que le premier pas qui coûte : après l'amertume vous ressentirez une joie telle, un courage si grand que vous serez désireux de faire davantage. Dites avec saint Augustin : « Ne puis-je pas ce que d'autres ont pu avant moi ? » D'autres, comme vous, s'effrayaient de la Mortification, et ils sont parvenus à se vaincre, vous pouvez les imiter. « Notre-Seigneur, dit un anachorète, adoucit dans ceux qui se mortifient, par l'action spirituelle de sa grâce, toutes les croix de la pénitence et de la Mortification. »

Au reste, comptez davantage sur le secours de Dieu que sur vous-même : donnez-vous à Dieu ; il redresse tout dans un cœur dès qu'il le possède ; il ôte une certaine raideur dans la volonté, il émousse les désirs, il attiédit les passions, il détache l'homme non seulement des objets extérieurs, mais encore de lui-même ; il le rend doux, aimable, simple, humble, prêt à vouloir et à ne vouloir pas, selon son bon plaisir.

Notre-Seigneur a dit : « *Si vous ne faites pénitence, vous périrez* **tous** *également.* » Il n'a donc pas mis d'exception pour les gens du monde. Mais si la Mortification ne leur avait point été possible, il n'en aurait pas fait un ordre général.

Nous pouvons nous mortifier dans le monde. L'histoire des Saints de tout rang nous les montre ingénieux à se mortifier;

les uns d'une façon, les autres d'une autre. Autour de nous, ne connaissons-nous pas quelques personnes dont la condition est en tout semblable à la nôtre et qui savent à merveille modérer leurs passions, réprimer la mauvaise nature ? Or, vous savez cet aphorisme : *Du fait au possible la conséquence est juste.* Elles se mortifient, bien qu'elles vivent dans le monde : vous pouvez le faire aussi.

Et vous vous mortifiez en réalité dans telle et telle circonstance, pourquoi n'en feriez-vous pas autant pour Dieu? pourquoi ne vous appliqueriez-vous pas à purifier votre intention ?

La Mortification est possible, facile même dans le monde, pour celui qui sait profiter des épreuves et des peines inévitables en bien des circonstances.

S'il a été dit à tous les hommes sans exception : *Faites pénitence,* n'oublions pas que cette pénitence est à notre portée et devient facile aux hommes de bonne volonté, car, dit saint Augustin, Dieu n'ordonne pas l'impossible, mais il donne sa grâce à ceux qui la lui demandent pour accomplir sa loi.

CHAPITRE III

La Nécessité de la Mortification.

1º La Mortification est nécessaire pour combattre la concupiscence qui est en nous. Depuis que, par le péché originel, notre raison s'est révoltée contre Dieu, notre nature se révolte contre notre raison, de sorte que, malgré nous et contre le consentement de notre volonté, il s'élève quelquefois en nous des mouvements et des affections que nous condamnons.

Nous pouvons tous dire avec l'Apôtre : « *Je sens dans les membres de mon corps une autre loi qui combat contre la loi de mon esprit.* » (Rom., VII). La concupiscence veut usurper les droits de notre raison et la rendre esclave pour nous faire consentir au péché; or, c'est par la Mortification seule que nous calmerons toutes ces révoltes, que nous aurons la paix.

2º Elle est nécessaire à notre avancement spirituel. — Vous profiterez d'autant plus, dit l'*Imitation*, que vous vous ferez plus de violence; en effet, c'est le dérèglement de notre appétit et la perversité de nos mauvaises inclinations qui nous empêchent d'avancer dans la vertu, car, selon saint Jacques, les guerres et les contradictions que nous sentons en nous, viennent de nos passions qui combattent dans nos membres. Or, la Mortification seule et le renoncement feront disparaître cet obstacle. Voilà pourquoi la Mortification, si contraire cependant à la nature, a toujours été l'arène où se sont exercés à l'envi les Saints de tous les temps. Ils se sont mortifiés en toutes choses, ils se sont animés d'une sainte colère contre eux-mêmes. Voilà comment ils sont devenus des Saints.

Rien de plus recommandé dans l'Evangile que la Mortification, parce que sans Mortification il n'y a *point de vertu*, puisque pour être humble il faut mortifier l'amour-propre, pour être saint il faut mortifier son caractère, pour être obéissant, il faut mortifier sa volonté avec ses répugnances, ses fantaisies, ses caprices.

Sans la Mortification point de raison: on met son plaisir comme la bête dans le boire et le manger — on fait ce qui plaît, non ce qu'il faudrait faire. On ne veut rien souffrir des autres et on veut que les autres souffrent tout de nous.

3° Il n'y a que deux voies pour aller au Ciel : l'innocence conservée ou l'innocence réparée par la pénitence. Or, quel est celui d'entre nous qui oserait se flatter d'avoir conservé son innocence baptismale ? n'avons-nous pas bien des fautes, bien des négligences à réparer ? Donc, faisons pénitence, car, dit le Seigneur, à moins que vous ne fassiez pénitence, vous périrez tous également.

4° A supposer même que nous soyons innocents, que nous possédions l'amitié de Dieu, combien n'y a-t-il pas d'occasions de chutes auxquelles nous sommes exposés et contre lesquelles nous devons nous tenir en garde ? Quels que soient notre âge, notre santé, notre condition, nous sommes sans cesse portés à nous satisfaire sans considérer si cette satisfaction plaît ou déplaît à Dieu, si elle est nuisible ou non à notre salut.

Or, la Mortification préserve du péché, éloigne la tentation. Aussi, malheur à celui qui ne se mortifie pas ; on peut dire qu'il a déjà le pied au bord d'un précipice effrayant.

5º Enfin, si nous sommes consacrés à Dieu, si nous appartenons au Tiers-Ordre de Saint-François qui est l'Ordre de la Pénitence, nous devons pratiquer la Mortification, parce qu'elle est la vertu propre de l'Ordre que nous avons embrassé.

A propos du Tiers-Ordre, il y en a qui se contentent de réciter quelques prières pour remplacer le jeûne, s'appuyant sur une commutation trop souvent surprise à l'indulgence d'un directeur; cela ne suffit pas, dirons-nous avec un pieux auteur, si nous voulons suivre l'esprit de notre Ordre. La pénitence doit atteindre le corps et l'âme; sans faire le moindre tort à sa santé, on peut s'imposer quelque privation plus ou moins pénible. Donc, si vous voulez être véritablement enfant de saint François, vous devez vous mortifier (1).

1. Pour avoir des renseignements sur le *Tiers-Ordre*, on peut s'adresser au T. R. P. Provincial des Franciscains, à San Remo, vià Valle del Ponte (Italie).

CHAPITRE IV

Avantages de la Mortification.

1° La Mortification nous aide à expier nos péchés; elle est, avec le Sacrement de Pénitence, une seconde planche de salut après le naufrage; elle est le remède des malheureux. En effet, les Ninivites font pénitence, leurs crimes sont oubliés, leur ville est sauvée. Marguerite de Cortone, l'illustre pénitente franciscaine, naguère objet d'horreur pour le Ciel, devient bientôt l'intime confidente de Jésus.

2° La Mortification est un arbre de salut, dit saint Ephrem, dont les branches se couvrent de fruits précieux qui rappellent les morts à la vie.

3° Elle augmente en nous l'amitié de Dieu. La voie de la Croix est la voie du salut, et c'est ce qui nous est clairement exprimé par ces paroles : « Traitez-vous sans miséricorde et je vous traiterai avec miséricorde. » L'enfant prodigue fait pénitence et il est rétabli dans son premier état.

4° La Mortification nous délivre du joug de nos passions, nous donne la vraie liberté, et alors régnant en maîtres absolus sur nous-mêmes, nous jouissons d'une grande paix, et cette paix est sans cesse arrosée, renouvelée par la joie de la bonne conscience.

Au contraire, sans la Mortification, nous sommes de vrais esclaves de nous-mêmes. Plus nous accordons à notre corps, plus nous cherchons à le contenter, plus il demande. Permettez aujourd'hui à vos yeux de voir un objet agréable, demain ils en voudront voir deux ; contentez aujourd'hui votre goût, demain il sera plus importun ; accordez aujourd'hui à la nature, demain elle sera plus exigeante. N'en avez-vous point fait la triste expérience ? Mortifiez-vous donc et vous aurez la sainte liberté des enfants de Dieu.

5° La Mortification donne encore une douce gaîté d'esprit, elle éclaire l'âme, l'élève au-dessus des choses de ce monde ; tandis que sans la mortification l'âme devient grossière et charnelle, elle s'enfonce dans la matière et se trouve comme dans l'obscurité d'une prison.

Au reste, il faut bien que la Mortification ait de grands avantages pour nous, puisque Dieu qui nous aime, qui veut à tout prix notre bonheur, notre salut, nous donne la Croix comme notre pain quotidien et qu'il ne nous en laisse jamais manquer.

6° Dieu verse ses consolations et ses délices sur les âmes mortifiées ; il leur rend à proportion qu'elles lui donnent. « Je surabonde de joie dans toutes mes épreuves, » dit saint Paul. — Saint François-Xavier éprouve tant de consolation dans ses souffrances qu'il demande de souffrir davantage. — Combien de saints ont eu tant de joie et de bonheur qu'ils ont dû s'écrier : *assez, Seigneur, assez*. Et nous aussi, ayons le courage de renoncer à notre volonté propre, de sacrifier seulement un désir, un regard, une sensualité, une parole et plus nous serons généreux, plus nous sentirons ce qu'il y a de joie et de bonheur à faire quelque chose pour Dieu.

CHAPITRE V

Quel esprit doit nous animer dans nos pratiques de Mortification?

L'extérieur des actions vertueuses sans l'intérieur n'est qu'une matière sans forme, un corps sans âme.

Dans nos pénitences nous devons agir d'abord pour plaire à Dieu et par un principe d'amour; nous proposer de plus des fins spéciales, et retirer des fruits particuliers.

1° En macérant notre chair, ayons l'intention de témoigner à Dieu combien nous l'aimons puisque nous le servons aux dépens de notre commodité : agissons avec le même cœur que nous voudrions souffrir le martyre, si l'occasion s'en présentait, montrant que c'est le martyre qui manque à notre volonté et non notre volonté au martyre.

2° Nous devons avoir un grand zèle de satisfaire à la justice de Dieu, non pas tant pour nous purifier par cette expiation et nous éviter des châtiments plus terribles, que pour montrer la haine que nous avons du péché, l'ennemi de Dieu, le punissant dans la chair qui l'a occasionné.

3° Nous unirons nos Mortifications aux souffrances de Notre-Seigneur Jésus-Christ qui a bien voulu souffrir et faire *mourir* en lui, quoique innocent, notre péché qu'il s'était chargé d'expier. Nous honorerons sa Passion, cherchant à ressentir en nous-mêmes, comme dit saint Paul, ce qu'il a souffert et suivant ses traces pour communiquer à sa croix. Ce n'est que par cette union que nos Mortifications deviennent méritoires. Efforçons-nous donc avec l'Apôtre d'accomplir en notre chair ce qui manque à cette passion, c'est-à-dire ce qui nous manque pour l'application de ce trésor infini.

4° Châtions-nous pour assujettir la chair, la sensualité à la raison. « Il faut fouetter, dit Hésychius, ce valet insolent, fugitif, libertin, de peur qu'il ne traite son maître comme un esclave, et que la chair, cette boue corruptible, cette vile servante, ne méconnaisse sa maîtresse, l'âme incorruptible. » (*Centur.*, l. c. XXXIII).

5° Enfin, proposons-nous d'éviter la damnation en nous préservant des péchés. L'austérité est à l'âme un frein qui la retient et l'empêche de retomber si souvent en ses mêmes péchés ou en d'autres pires encore.

J'ajouterai encore deux mots pour les âmes religieuses :

Les Mortifications particulières sont bonnes; celles de la communauté sont encore meilleures.

N'observez pas les Mortifications que prescrit la règle, par routine seulement et par habitude ou parce que la Règle les commande, mais par amour; renouvelez souvent votre intention et vos affections, agissez toujours avec autant de ferveur que la première fois que vous avez embrassé la Mortification.

CHAPITRE VI

Détails de la vie où l'on peut pratiquer la Mortification.

Ne vous effrayez pas des détails que vous allez lire : il y en a pour tous les goûts, pour tous les âges, pour toutes les santés et toutes les conditions. Choisissez... Suivez en cela l'inspiration de la grâce. Le sentiment de vos péchés, l'exemple des Saints, la vue de Jésus *innocent* crucifié doivent vous parler au cœur et vous dire ce que vous avez à faire. L'amour est ingénieux à trouver toutes sortes de Mortifications. En lisant la *Vie des Saints*, on dirait qu'il y a une prime pour celui qui invente un nouveau moyen de crucifier sa chair, comme chez les païens on accordait un prix à celui qui inventait un nouveau genre de plaisir.

Vous imiterez les Saints, si vous aimez Dieu.

Nous sommes composés d'un corps et

d'une âme; l'un et l'autre ont péché, l'un et l'autre ont des inclinations mauvaises, il faut donc mortifier, châtier, punir le corps et l'âme, les purifier et opposer un frein à leurs tendances.

De là, deux espèces de Mortifications : la Mortification *spirituelle* ou *intérieure* qui regarde l'âme, la Mortification *corporelle* ou *extérieure* qui regarde le corps; et comme il y a plusieurs facultés dans l'âme et plusieurs sens dans le corps, il est à propos, pour une plus grande clarté, de diviser encore la Mortification en autant d'espèces qu'il y a de facultés dans l'âme et de sens dans le corps. Nous les traiterons chacune en particulier; mais commençons d'abord par les Mortifications intérieures comme étant moins effrayantes, puis viendront les Mortifications extérieures.

§ 1. — *Mortification intérieure.*

En fait de Mortifications, dit saint François de Sales, celles qui sont intérieures sont incomparablement plus excellentes que celles qui sont extérieures, et nullement sujettes comme celles-ci à l'hypocrisie, à la vanité, à l'indiscrétion. En effet, la Mortification et les austérités corporelles ne sont que l'écorce de la vertu, c'est la Mortification intérieure qui en est la moelle. De là, nous pouvons comprendre toute l'importance de la mortification intérieure.

Elle consiste à surmonter nos passions, à diriger saintement les mouvements de notre âme, à rappeler à l'ordre nos facultés et à les retenir dans le devoir, à réprimer l'impétuosité de nos inclinations naturelles et à perdre toutes nos mauvaises habitudes.

Pour cela nous devons surveiller l'esprit, le jugement, l'imagination, les désirs, la volonté et les passions du cœur.

1° L'ESPRIT

Vous mortifierez votre esprit en renonçant aux vaines pensées qui flattent votre amour-propre ou qui nourrissent les passions. — Renoncer aux pensées inutiles, c'est fermer la porte aux mauvaises pensées. — On vous a fait beaucoup de compliments, on vous a loué sur votre esprit, sur votre travail; vous auriez grande envie de vous repaître en votre particulier de toutes ces adulations ; les pensées vous viennent en foule, elles vous occupent des heures entières, ne les écoutez pas et détournez-en votre esprit.

Les pensées inutiles 1° font votre malheur en vous rappelant cent fois ou cet affront ou cette perte ; 2° sont un obstacle à votre sanctification. Une des marques les plus positives de la tiédeur, dit saint Bonaventure, c'est de ne pas sentir le mal que font les pensées inutiles. — Tant de pensées qui se succèdent sans ordre nous troublent, nous agitent et nous rendent inhabiles à la prière. Chaque chose a son temps, dit le Sage, soyons tout entier à l'action présente. Loin de nous les préoccupations.

Il vous vient à l'esprit une *supposition*, un projet chimérique, un château en Espagne, bannissez cette pensée qui absorberait entièrement votre temps et, vous entraînant trop loin, vous ferait perdre le calme de l'âme.

On vous parle d'un fait qui excite votre curiosité, ne cherchez pas à voir. — N'interrogez pas pour savoir. — Ne prêtez pas trop attentivement l'oreille.

Ne passez pas votre temps à des recherches inutiles, à de frivoles lectures.

Celui qui sait borner le nombre de ses pensées devient un esprit sérieux. Eloignez de votre esprit toute pensée mauvaise ou simplement vaine.

Souvenons-nous souvent de notre dignité : puisque notre esprit est noble et élevé, mortifions-le chaque fois qu'il s'entretient de choses viles et abjectes.

2º LE JUGEMENT

Beaucoup se plaignent de n'avoir pas de mémoire et personne ne se plaint de manquer de jugement.

Le jugement n'est pas chose commune; c'est un don précieux. Voulez-vous le former et le développer? suivez les conseils suivants :

Dès que vous voyez ou entendez quelque chose, ne vous formez pas une opinion sur les plus petites apparences; mortifiez votre jugement. Délibérez, pesez, informez-vous avant de porter un jugement. Procédez toujours avec maturité.

Ne cherchez jamais à contrôler, à examiner ce qui ne vous regarde pas.

Ne jugez jamais avec précipitation, mais aussi ne soyez pas trop lent à porter votre jugement. — N'ayez pas une attention inquiète, un excès de prudence qui vous trouble et vous suffoque. Ne vous arrive-t-il pas de vous demander, au milieu d'une affaire, d'une conversation : où suis-je ? comment suis-je venu ici ? que veux-je dire ? — Tout cela, avouez-le, c'est de l'irréflexion, modérez donc votre jugement.

« *Mon fils*, dit l'Ecclésiastique, *ne fais rien sans conseil et tu ne te repentiras pas après l'action.* » (XXXIV, 24). Soyons en effet circonspects, sachons consulter sagement, et nous ne nous tromperons presque jamais.

Ne soutenez pas avec opiniâtreté votre opinion. Vous devez, dans une sainte défiance de vous-même, renoncer à vos propres lumières et à votre propre jugement pour vous soumettre à la volonté des autres.

Ne soyez pas comme ces personnes pleines d'elles-mêmes qui veulent tout juger, tout critiquer ; jugez sévèrement vos propres actions.

Avant d'agir, consultez vous-même et

sachez vous rendre au conseil qu'on vous donne.

Ne vantez pas votre avis et n'idolâtrez pas vos opinions. — Ne vous passionnez pas pour les soutenir.

Lorsque vous voyez un autre penser, agir autrement que vous, examinez avec soin, et sans préjugé, ses raisons, et considérez si vous êtes vous-même dans la vérité.

Dans une discussion, vous pouvez proposer vos raisons avec force et modestie, mais lors même que le droit serait pour vous, sachez acquiescer doucement à l'opinion des autres quand il n'y a pas péché à le faire.

Enfin, pour mortifier votre jugement, vous ne chercherez pas à pointiller sur tout.

On rencontre des personnes qui ne peuvent jamais penser comme les autres, qui contredisent toujours un projet quand elles n'en ont pas eu elles-mêmes la première idée.

3° L'IMAGINATION

Ecoutez ceci : « Mortifiez votre imagination, elle vous fait imputer aux hommes

et à Dieu ce qu'ils n'ont jamais pensé. »
(FÉNELON.)

N'écoutez point votre imagination trop vive et trop féconde en vues. Cette activité prodigieuse consume votre corps et dessèche votre intérieur. Vous vous dévorez inutilement.

Ne laissez jamais égarer votre imagination, enchaînez-la de suite : saint François de Sales l'appelle *la folle du logis*, et il a raison.

Votre imagination volage vous donne une foule de distractions, vous empêche d'appliquer votre esprit aux choses de Dieu : mettez-lui donc un frein.

Elle se repaît de la perspective d'un brillant avenir, elle effeuille sous vos pas des pétales de roses. Hélas ! elle vous berce d'illusions, domptez-la et vous souffrirez moins si tout n'arrive pas selon vos prévisions.

L'imagination est trompeuse et ne dit jamais la vérité. Elle sait aussi peindre tout en noir. Si l'on vous a fait une injure, une injustice, elle vous dit que le mal est irréparable, que tout est perdu, que la réconciliation est impossible. Calmez-vous, ne troublez pas votre sommeil, bientôt vous verrez que le mal n'en vaut pas la peine.

Vous éprouvez un revers de fortune, la perte d'un parent, je ne condamne pas vos larmes, mais sachez contenir votre douleur dans les bornes de la résignation chrétienne qui croit et qui espère. Dieu est encore avec vous et il vous *suffit*.

Pour le passé, l'imagination rend permanent le mal le plus passager : le *présent* ennuie et dégoûte; on s'imagine qu'on serait mieux là ou on n'est pas, l'*avenir* importune par la perspective d'un bonheur illusoire, ou par l'appréhension de croix imaginaires.

Ne croyez pas tout perdu parce que quelque chose viendra à vous manquer et *n'en perdez pas la tête.*

Réprimez votre imagination qui vous porte à agir avec précipitation et vous n'aurez pas à déplorer une parole, une démarche inconsidérées, comme il vous arrive quelquefois.

L'imagination vous rend insupportables, inquiets, chagrins, mécontents, inconstants.

Mortifiez-la, autrement vous ne serez jamais à ce que vous faites.

Elle fait le tour du monde avant que nous nous en soyons aperçus.

Mettez-lui un frein, veillez sur vos sens qui portent à l'imagination des choses extérieures : de là, une foule d'extravagances et d'idées *impossibles*.

4° LES DÉSIRS

Lorsque l'imagination nous a représenté un objet, nous sommes portés à l'aimer, à le désirer ou à le haïr et à l'éloigner de nous : de là, deux sentiments qu'il faut encore mortifier.

Désirs. — Ne désirez autre chose que Dieu et ne vous mettez plus en peine de tout ce qui ne concerne pas votre profession. J'ai peu de désirs et encore ce que je désire je le désire peu, disait saint François de Sales.

Modérez le désir que vous avez de savoir, même les choses nécessaires. — L'homme forme des désirs pour être heureux, et ses désirs font en partie son malheur.

La peine naît du désir : voulez-vous éloigner de vous la source de mille troubles et de mille inquiétudes? voulez-vous avoir une paix admirable? mortifiez vos désirs.

Retranchez surtout les désirs vains et inutiles (et croyez bien que vous en avez). Ne désirez rien ou ne le désirez qu'avec modération. « Les désirs inutiles, dit saint Grégoire, gâtent le parfum de la dévotion. »

Répugnances. — Mortifions aussi nos répugnances, nos dégoûts, nos antipathies, nos craintes. Ne craignez que le péché. La nature s'impressionne facilement, elle s'éloigne ou se révolte; obligeons-la à se calmer, à se soumettre. Elle en frémira d'abord, mais bientôt vous l'aurez vaincue.

5° LA VOLONTÉ

Nous devons plier en tout notre volonté à notre devoir, c'est-à-dire au bon plaisir de Dieu; la volonté et les inspirations de la grâce doivent vous conduire dans tout ce que vous avez à faire, sans vous laisser entraîner par l'humeur ou les saillies naturelles.

Détachez-vous de vous-même, c'est-à-dire de votre propre volonté. Saint François d'Assise dit que c'est là le plus grand don que l'on puisse recevoir de Dieu. Saint Bernard assure que si tous les hommes renonçaient à leur propre volonté, il n'y aurait jamais personne de damné.

La volonté propre rend défectueuses même les bonnes œuvres, sachons sacrifier notre volonté même devant un bien.

Soumettez-vous à l'obéissance comme un enfant. Vous voulez agir de telle manière, d'autres veulent autrement : cédez, vous aurez du mérite sans responsabilité.

Les maîtres de la vie spirituelle assurent qu'on ne peut offrir à Dieu de sacrifice plus agréable que celui de la volonté.

Or, quel trésor vous avez à exploiter! A toute heure du jour, on trouve à renoncer à sa volonté ; on se prive d'une visite inutile qui fait plaisir, on remplit une œuvre de charité qui ennuie, on se couche deux minutes plus tard, on se lève deux minutes plus tôt. Lorsque deux choses se présentent à faire, on donne la préférence à celle qui nous plaît le moins.

— Vous voulez vos aises, vos commodités : ne les recherchez pas.

« La voie de la perfection, dit saint Bonaventure, consiste dans un parfait renoncement à toutes nos volontés (1). »

Dans les choses temporelles, comme dans les choses spirituelles, nous ne devons jamais rien faire purement pour accomplir notre volonté et satisfaire à notre inclination, mais agissons toujours par des motifs plus élevés.

6° LES PASSIONS DU CŒUR

C'est surtout le cœur qui a péché, c'est surtout le cœur qui doit éprouver une salutaire amertume.

Il peut être chaque jour le théâtre de nombreuses Mortifications. C'est une perte qu'on éprouve, c'est l'injure, la calomnie, c'est une parole piquante qu'on nous dit, une humiliation qu'on nous fait subir, une indifférence qu'on nous témoigne, une ingratitude qu'on nous marque, un service qu'on nous refuse ou qu'on nous reproche ; on nous traite sans égards, on ne nous prévient de rien, on méconnaît notre mérite, on interprète mal nos intentions, on nous blâme à tort, nous sommes trahis, délaissés, et personne ne nous console ; hier

1. *Speculum Disciplinæ*, c. XXV.

nous comptions sur une personne, sur le succès d'une affaire, aujourd'hui nos espérances sont déçues, etc., etc. Au milieu de tout cela, sachons réprimer l'émotion de notre cœur et disons, aux pieds de notre crucifix : Mon Jésus, que je souffre! je vous offre mes peines en union, avec vos souffrances, aidez-moi.

En outre, celui qui veut mortifier son cœur le détache de *tout ce qui l'enchaîne*, il ne tient à rien; si on lui enlève quelque chose, il conserve une paix inaltérable.

Voulez-vous conserver une grande liberté d'esprit, dégagez votre cœur et ne vous attachez à rien qui vous captive.

Vous êtes trop attaché à une chose, quand vous y pensez comme naturellement, ici et là, et que son image se présente sans cesse à votre esprit. Mortifiez cette passion.

Oh! le cœur! Voici le vaste champ où nous devons lutter et combattre, car nos ennemis y sont nombreux.

Si l'orgueil vous enfle, veillez sur vos pensées et vos paroles, réfléchissez souvent sur vos nombreuses misères, sur votre néant; et vous arrive-t-il d'agir par orgueil, punissez-vous à l'instant par un acte d'humilité. Domptez votre susceptibilité, votre entêtement.

Remarquez-vous que votre cœur est collé aux biens de la terre, que vous ne rêvez que fortune : faites l'aumône, abstenez-vous pendant quelque temps de compter, d'évaluer la valeur de vos biens.

Votre cœur est-il enclin aux plaisirs des sens ? vous devez prier, veiller scrupuleusement sur vous-même et surtout éviter le danger.

Si l'envie, la jalousie, vices qui ruinent le corps comme l'âme, vous atteignent : vous les combattrez en *parlant avantageusement* de la personne que vous jalousez, en la *fréquentant*, en l'aidant dans ses succès.

Êtes-vous passionné pour le jeu, la chasse, etc., commencez d'abord par vous livrer à ces exercices à de plus rares intervalles, puis consacrez-leur moins de temps.

Vous êtes peut-être sujet à l'intempérance... prenez garde : ce vice, sans qu'on s'en doute, entraîne loin. Imposez-vous une petite mortification à chacun de vos repas et fuyez les occasions.

Vous êtes porté à la colère : modérez-vous en toute circonstance, apprenez à supporter quelque chose. En cédant à votre colère, vous souffrez incomparablement plus qu'en la comprimant.

Je dirai de la paresse comme des autres passions :

Plus vous cédez à votre passion, plus elle s'impose, plus elle grandit.

Plus vous l'écoutez, plus elle prend d'empire sur vous.

Vous la contentez comme pour vous en débarrasser, vous la fortifiez contre vous-même, elle reviendra avec plus d'instances.

Vous cherchez le plaisir en cédant, vous y trouvez la peine de toujours chercher. Plus vous cédez et moins il vous reste de force pour résister.

Oh! si ces quelques lignes étaient bien comprises!

Nos passions sont un ennemi avec lequel il ne faut jamais raisonner.

Voilà le moyen pratique de les mortifier : celui qui ne les règle pas s'en voit bientôt envahi.

Vous le voyez, on peut pratiquer les Mortifications intérieures de bien des manières sans se faire remarquer, et souvent sans aller les chercher.

Belles occasions de grands mérites !!!

§ 2. — *Mortification extérieure*

La Mortification extérieure est la prudente contrainte que nous imposons à nos sens et à notre corps tout entier : comprenons par ces deux mots jusqu'où elle peut s'étendre. Nombreux sont ses degrés, et c'est à nous de voir ce que nous voulons faire pour Dieu et jusqu'à quel point nous voulons pousser notre générosité.

La Mortification extérieure est le fruit des sentiments intérieurs. C'est un châtiment que s'impose un sincère repentir.

Elle se pratique surtout, dit saint Ignace, de trois manières : dans les *repas*, le *sommeil*, le *traitement du corps*.

1° LES REPAS

Les maîtres de la vie spirituelle nous disent que la Mortification du goût est le premier degré pour gravir la montagne de la perfection. « Quiconque veut faire quelque progrès dans la perfection, dit saint André Avellin, doit commencer par mortifier son goût. »

« Tous les Saints, dit saint Léon, ont débuté dans la carrière de la sainteté par la mortification du goût. »

Saint Léonard de Port-Maurice, Missionnaire Franciscain, offrait à Dieu les prémices des fruits qui paraissaient à table en s'abstenant d'en manger; quant aux autres, il en laissait toujours quelque chose, spécialement de ceux pour lesquels il se sentait plus de goût.

Saint Louis de Gonzague faisait à tous ses repas la part de l'Ange Gardien, se privant de quelque petite chose qui eût flatté sa sensualité.

Vous pouvez les imiter.

Voulez-vous d'autres genres de mortification en grand usage parmi les personnes de piété. En esprit de pénitence, ne mangez jamais que des viandes communes. Lorsque vous êtes plusieurs à table, choisissez ce qu'il y a de moins bon pour vous.

Ne mangez jamais sans nécessité entre vos repas. A chaque repas, faites une petite mortification, le soir vous n'en serez pas plus mal pour cela.

Vous ne convoiterez pas une nourriture délicate, appétissante et de votre goût.

Vous ne préviendrez pas l'heure du repas; en vous mettant à table, pour réprimer votre sensualité, attendez quelques instants avant de commencer.

L'homme raisonnable, à plus forte raison le chrétien, ne mange pas avec avidité ou avec excès et ne cherche pas à savourer les viandes.

Les âmes mortifiées prennent la nourriture comme on la leur donne; elles n'ont pas de choix, de préférence pour tel ou tel mets; elle ne cherchent point à assaisonner de sel, de poivre, de moutarde, de vinaigre, lors même que ces assaisonnements paraissent nécessaires.

Notre Séraphique Père saint François d'Assise ne buvait que de l'eau. Si vous ne vous sentez pas le courage de l'imiter, suivez au moins son exemple en ne buvant pas entre vos repas, en ne prenant jamais de vin pur, en y mêlant même beaucoup d'eau.

Abstenez-vous de liqueurs, de spiritueux, et en général de tous ces raffinements que la sensualité invente chaque jour et que ne demande pas la santé.

C'est là surtout qu'il faut se mortifier. Le vin et les liqueurs sont un des plus violents ennemis de la chasteté, l'aiguillon de la concupiscence.

Le vin et les liqueurs sont pour la concupiscence ce qu'est l'huile pour le feu. Hélas! nous ne sommes déjà que trop exposés à brûler.

Vous en userez donc pour la quantité et pour la qualité avec modération.

Saint Ignace dit dans ses *Exercices* : « Retranchez non seulement les aliments superflus mais encore convenables; plus on retranche, plus on fait (plus on profite), pourvu que la nature n'aille pas jusqu'à devenir trop faible ou malade. »

Vous suivrez en cela les avis de votre directeur. Pas d'exagération ni d'illusion!

On lit souvent dans la *Vie des Saints* qu'ils aimaient à rendre leur nourriture *fade, insipide* ou *amère;* l'un verse de l'eau sur un mets déjà maigrement préparé, l'autre laisse refroidir ses aliments, tel y ajoute quelques feuilles d'absinthe; tel autre couvre son pain de cendres ou de charbons pilés.

Ne traitez pas de ridicules ces ingénieuses mortifications.

Si vous ne voulez faire tout cela, vous pouvez bien au moins attendre le milieu de votre repas ou même la fin pour boire. Est-ce trop vous demander ?

Voulez-vous encore un mot : ne regardez jamais avec avidité ce qu'on sert à table; ne parlez jamais de ce qui est bon ou mauvais, à plus forte raison ne vous plaignez jamais de la nourriture.

« Il y a très peu de personnes, dit saint Augustin, qui ne se heurtent contre la gourmandise. »

Le pas est glissant, veillons donc bien sur nous; mortifions-nous, afin de satisfaire pour nos intempérances passées, afin de rendre notre âme plus susceptible aux opérations de la grâce. — La Mortification, en effet, rend l'âme *plus libre, plus transparente, plus maniable.*

Mortifions-nous, afin de mériter les délices du Ciel et d'imiter Notre-Seigneur qui, par amour pour nous, a bu du fiel et du vinaigre.

2° LE SOMMEIL

Pour le sommeil, prenez ce qui est nécessaire à votre santé, mais en ce point ne vous faites pas d'illusion. En général, les personnes qui dorment moins se portent mieux que les autres. — Couchez-vous à une heure régulière; mais le matin hâtez-vous de vous lever : six heures de sommeil peuvent vous suffire, n'en prenez jamais plus de huit.

Une âme mortifiée met de côté non seulement ce qui sent la mollesse, procure des délices, mais encore ce qui est seulement à propos, évitant toutefois d'endommager grièvement sa santé. Rappelons-nous qu'un lit austère est un gardien de la chasteté.

C'est pour cela que, dans beaucoup d'Ordres religieux, on couche dans de grossiers tissus de laine, et, même dans le monde, on trouve des personnes qui couchent sur une paillasse.

Nous connaissons un châtelain qui ne veut pour lui que les mêmes draps de lit qui sont à l'usage de ses domestiques, et un autre qui couche sur les sarments de vigne.

D'autres mettent une planche, ou quelques petites verges, dans leur lit, ou même un morceau de bois sous leur tête. Oh! dans le monde, il y a de grandes âmes.

D'autres, comme l'Enfant-Jésus, veulent avoir au moins leur traversin de paille.

Mais en tout cela, cher lecteur, agissez avec discrétion et après avoir consulté un sage directeur.

3° LE CORPS

Notre corps a péché avec notre âme, il faut le punir. Il nous fait la guerre, pourquoi ne le réduirions-nous pas en servitude ? S'il est fougueux, emporté, il entraînera bientôt après lui notre âme, qui alors deviendra indomptable. Donc, punissez-le pour les fautes passées et mettez-lui un frein pour l'avenir.

Infligez-vous comme pénitence corporelle, le travail, le soin de votre maison : ce sera pour vous de grande utilité et de grand mérite. — Appliquez-vous à vos devoirs d'état par esprit de pénitence.

Qu'on nous permette de dire ici deux mots des ingénieuses inventions de l'amour ; — je sais d'avance que la personne mondaine, amie de ses aises et idole d'elle-même, en rira en me disant : *folie ! folie !* — Je lui répondrai : AMOUR !!! AMOUR !!!

Voilà l'heureux secret que vous ignorez.

Il y a, même *dans le monde, plus qu'on*

ne pense, des personnes qui portent le cilice, la chaîne, qui prennent la discipline...
Le cilice est en crin, il est sous forme de ceinture ou de scapulaire. La douleur qu'il cause est bien moindre que celle de la chaîne, mais elle énerve certains tempéraments : on peut le porter le jour entier. La chaîne prend la forme de ceinture, de croix, de jarretière, de bracelet ou de cœur. Si on la porte comme ceinture, il est prudent de la quitter après le repas, ou au moins de la relâcher. La discipline est en corde ou en fer et admet différents modes de construction, plus ou moins durs. On se sert également de jonc ou de nerf de bœuf. Les uns la prennent durant la récitation du *Souvenez-vous*, d'autres pendant un *Miserere*.

Si l'on nous demande maintenant ce qu'il est plus expédient d'employer de la chaîne, du cilice ou de la discipline, voici notre réponse : La discipline ne nuit point à la santé et donne à l'âme de la force et de la joie.

Mais la chaîne et le cilice demandent plus de courage et de discrétion; ils sont une immolation plus durable; et pendant que nous les portons, semblables à un ange gardien, ils nous avertissent sans cesse d'être fidèles à la grâce, à notre résolution prise, etc.

On peut faire ces pénitences deux ou trois fois la semaine ou le vendredi seulement. Mais en tout, répétons-le, il faut avoir soin de consulter un directeur prudent et *éclairé*.

Pieux lecteur, si ce que vous venez de lire vous paraît trop dur, écoutez un langage et des pénitences plus à votre portée : un mot sur chacun des sens.

« La vue, l'ouïe, le goût, l'odorat, le toucher, sont comme des chemins par lesquels l'âme sort d'elle-même et va chercher ses plaisirs dans les créatures. Ce sont comme autant de fenêtres par lesquelles elle voit les objets sensibles et les convoite. » (SAINT GRÉGOIRE).

Voulez-vous conserver votre âme pure et la mettre à l'abri des maux dans lesquels elle peut tomber, fermez les fenêtres et gardez, mortifiez vos sens.

☨

LES YEUX. — Modérez la curiosité de vos yeux, soyez très modeste, ne cherchez pas à tout voir. Ecoutez ce que disait un Saint : « Ce que je permettrai à mes yeux ne perfectionnera pas ma vue, mais ne sera propre qu'à me distraire. »

Quand vous avez jeté un regard trop libre, punissez-vous en gardant les yeux baissés cinq minutes ou un quart d'heure.

Les règles de la modestie nous enseignent que nous devons en marchant tenir les yeux à quelques pas devant nous ; à l'église, ne les levez pas à tout propos.

C'est par les yeux que le trait s'enfonce dans le cœur : à l'exemple de Job, *faisons un pacte avec nos yeux.*

Fermons les yeux à tous les objets indécents, à toutes les nudités messéantes, à toutes les actions inconvenantes.

Ne jetez pas vos regards sur les personnes dont la vue peut être dangereuse pour vous.

Evitez également la pompe et les spectacles profanes.

Vous ne regarderez pas indifféremment tout ce qui se présente. Pourquoi remplir votre imagination de tant d'images propres à troubler et à surcharger votre esprit ?

Je vous dirai avec saint Augustin : « Nos yeux aiment et regardent avec complaisance la beauté et la variété des formes, les couleurs belles et vives les récréent. Cependant n'y arrêtons pas notre âme, attachons-nous à Dieu seul qui les a faites. »

†

Les Oreilles. — Pour les mortifier, ne faites pas, par curiosité, répéter ce que l'on vient de dire. Ne soyez pas trop avide d'entendre les chants harmonieux.

Vous fermerez les oreilles aux discours vains, aux vaines louanges, aux railleries, aux murmures, mais surtout aux médisances, aux paroles mauvaises, aux chansons mondaines.

Vous saurez supporter le bruit étourdissant et agaçant.

†

L'Odorat. — Mortifiez aussi votre odorat quand vous en trouverez l'occasion; ne soyez point comme ces personnes qui ne veulent respirer que les parfums, ou comme celles qui, en cueillant une fleur, ne cherchent qu'à satisfaire la nature sans élever leur cœur jusqu'au Créateur.

Les parfums amollissent et énervent

l'âme qui les recherche et l'empêchent d'être vertueuse...

Vous ne savourerez donc pas avec trop de sensualité les bonnes odeurs et vous souffrirez les mauvaises que vous ne pouvez prudemment éviter, sans faire paraître la peine que vous en éprouvez.

☦

Le Goût. — Supportez sans vous plaindre tout ce qui contrarie votre goût, cherchez même quelquefois à le mortifier.

« Il faut le brider dans ses appétits avec le mors de la raison, lui retrancher prudemment les superfluités et ne lui accorder que ce qui est nécessaire. » (Saint Basile).

Et la loi du jeûne qu'en faites-vous, cher lecteur? n'y êtes-vous pas tenu? n'avez-vous rien à expier? — Il vous fatigue, dites-vous; mais est-ce une fatigue réelle? Si vous ne le sentiez pas, ce ne serait pas une grande pénitence.

Les jours de jeûne, si réellement vous avez des raisons pour être dispensé, imposez-vous au moins une petite privation.

Langue. — Dans les conversations, abstenez-vous de parler beaucoup; gardez le silence, surtout quand on vous a humilié; quand on vous accuse à tort, et lorsque vous éprouvez la démangeaison de manquer à la charité vis-à-vis du prochain ou de vous attirer quelques louanges.

Combien de fois il vous plairait de dire une chose en conversation! laissez alors parler les autres et écoutez.

Pesez vos paroles avant de les dire, et vous éviterez les propos malsonnants, mensongers, injustes, et tous ceux qui offensent Dieu, blessent le prochain, souillent votre âme.

Parlez de choses nécessaires ou utiles.

✝

Le Toucher, les Mains, le Visage, etc. — Le toucher est répandu dans tout le corps. — Je voudrais pouvoir stigmatiser ici toutes les vaines recherches du monde. — Combien se lavent plusieurs fois le jour, sans nécessité, dans le seul but de se rafraîchir? — Combien empruntent à l'art des parfumeurs ce que la nature ne leur a pas donné ou ce que l'âge leur ravit chaque jour? — Que de folles dépenses! quel compte terrible on aura à rendre!

On lit dans saint Grégoire de Tours que sainte Vitaline (1) apparut à saint Martin et lui dit : « J'ai passé deux jours en Purgatoire pour m'être autrefois lavée par vanité. »

La propreté est une demi-vertu : soyez propre ; mais on peut l'être à moins de frais. Je connais des personnes de qualité qui n'usent de savon que très rarement et encore n'est-ce qu'un savon ordinaire (2) !

Ayez moins de recherche pour le choix de votre linge.

Saint Basile avertit « d'apporter toute la vigilance possible pour réprimer le toucher, de ne faire aucun attouchement ni sur soi, ni sur les autres qui puisse exciter au mal. *(Lib. de Vera Virg.)*

†

Encore quelques mots bien pratiques :

Quand il fait chaud, ne vous essuyez pas à chaque instant. — Privez-vous d'un éventail, vous ne mourrez pas pour cela. Songez donc aux Religieux, aux Religieu-

1. D'Artonne (Puy-de-Dôme).
2. Voir le trait cité dans *la Pauvreté*, p. 30, troisième édition.

ses, qui sont vêtus d'habits de laine si pesants.

Eh quoi! vous n'avez pas le courage de supporter quelques gouttes de sueur, lorsque, pour vos propres péchés, Notre-Seigneur a sué des gouttes de sang! — Ne recherchez pas l'ombrage, ni les rafraîchissements, avec trop d'empressement.

Pour vous mettre *à votre aise*, évitez ces postures, ces vêtements taillés par la sensualité, ces nudités scandaleuses. Ah! priez Dieu de n'avoir pas à souffrir une *plus grande chaleur*.

— Il faut savoir offrir à Dieu le froid que vous endurez; combien de pauvres ont les pieds nus, n'ont que de méchants haillons pour se garantir du froid!

Pourquoi tant de précautions : gants, cache-nez, fourrures, etc., etc. Nos pères n'en avaient pas et leur santé n'en était pas plus mauvaise.

— Je vous conjure de travailler pour Dieu en esprit de pénitence, il ne vous en coûtera pas davantage et vous aurez plus de force.

C'est se mettre au rang de la brute que de travailler dans l'unique but du salaire.

En esprit de pénitence, de mortification, ne perdez pas votre temps, occupez-vous utilement : c'est un ennui, raison de plus pour faire ce qui vous coûte. Dans ce même esprit, vous choisirez pour vous l'ouvrage le plus pénible, vous rendrez service au prochain.

— Quand vous priez, mettez-vous à genoux, aussi longtemps que vous le pourrez, par esprit de pénitence, et ne vous appuyez pas les mains. On remarque que les âmes mortifiées se mettent genoux à terre plutôt que sur une chaise, qu'elles choisissent à l'église les prie-Dieu les moins commodes.

Quand vous êtes assis, tenez vos jambes dans leur position naturelle, ne les étendez pas, ni ne les croisez : c'est gênant, sans doute, mais songez à la position de Notre-Seigneur sur la Croix : il avait les pieds cloués, ce n'était assurément pas commode.

Ne vous appuyez pas sur le dossier de votre chaise.

Quand vous serez assis, vous ne chercherez pas la manière la plus commode et vous ne vous agiterez pas jusqu'à ce que vous l'ayez trouvée.

Que de plaintes on entend dans le monde! dans les salons! dans les chemins de fer!... partout... rien ne va comme on veut. Hélas! si l'on savait donc supporter quelque chose pour Dieu, combien on serait plus heureux!... Je me demande en quel lieu, pour les contenter, Dieu pourra placer ces personnes qui se trouvent gênées de tout... *La délicatesse et l'exigence sont aujourd'hui de mode;* on ne comprend plus les vertus viriles du Christianisme, et on s'étonne de rencontrer une personne qui sait souffrir sans se plaindre.

O folie du monde! tu fais la souffrance, et malgré toi, chaque jour, tu bois et tu boiras toujours jusqu'à la lie le breuvage amer, triste fermentation de désirs insatiables. Je le répète avec un écrivain sacré, le cœur du vrai chrétien est une fête continuelle; il jouit plus de ce qu'il se refuse, que l'incrédule ne jouit de ce qu'il se permet.

CONCLUSION

Voilà assez de détails, direz-vous; j'avoue que la Mortification est le chemin de la vraie liberté, de la vie de l'âme; mais combien de temps faudra-t-il combattre, me dompter et me vaincre de la sorte ?

Saint Bernard vous répond que nous ne devons pas nous arrêter dans la pratique de la Mortification, qu'il faut avoir toujours la serpe à la main, parce que toujours il y a quelque chose à couper et à retrancher. « Croyez-moi, dit ce saint Docteur, ce qui a été coupé repousse; ce qui a été chassé revient; ce qui a été éteint se rallume; il ne suffit donc pas d'avoir coupé une fois, il faut revenir souvent à la charge, car vous trouverez toujours de quoi couper et retrancher en vous. »

Notre vie, suivant saint Jean Climaque,

doit être une perpétuelle violence de la nature, aussi dans tous les temps le cri de guerre de tous les saints a été celui-ci : Je veux ravir le ciel *coûte que coûte*.

Mais pourrai-je donc jamais suivre, me direz-vous encore, l'exemple des Saints, parvenir à dompter ainsi ma nature en toute circonstance ? — Croyez-moi, vous pouvez faire plus que vous ne pensez : avez-vous jamais essayé de vous mortifier ?... essayez encore. Si vous pouvez peu, donnez peu : la Mortification a ses charmes et ses attraits, plus tard vous ferez davantage.

Comme les saints, soyez forts et généreux, ne calculez pas avec Dieu : marchez, *coûte que coûte*.

Vendez à Dieu toutes vos jouissances et sa grâce vous fera goûter en un instant des consolations meilleures. Personne n'est plus riche, ni plus libre, ni plus heureux que celui qui se donne à Dieu tout entier et achète, au prix de son amour, le Sauveur immolé sur la Croix pour le salut du monde.

O vous, qui voulez avancer dans la perfection, mettez-vous à l'œuvre et commen-

cez à marcher avec courage dans la voie de la Mortification et du renoncement, et si la force vient à vous manquer, prenez le gouvernail, regardez l'étoile, levez les yeux vers le Ciel; le gouvernail c'est la Croix, l'étoile c'est l'exemple des Saints, le Ciel c'est la récompense. Là, tous vos sacrifices, toutes vos larmes sont comptés, et vous vous écrierez un jour avec saint Pierre d'Alcantara : « O délicieuses Mortifica-
« tions qui m'ont mérité un si grand poids
« de gloire. »

Que DIEU bénisse vos efforts!

TABLE DES MATIERES

A TOUS LES CHRÉTIENS DU XIXe SIÈCLE. . . . 1
CHAP. I. — En quoi consiste la Mortification ? 5
    II. — Est-il possible et facile de pratiquer la Mortification dans le monde ? 10
    III. — La nécessité de la Mortification. 14
    IV. — Avantages de la Mortification. . 18
    V. — Quel esprit doit nous animer dans nos pratiques de Mortification ? 21
    VI. — Détails de la vie où l'on peut pratiquer la Mortification . . . 24
        1. — *Mortification intérieure.* 25
        2. — *Mortification extérieure.* 40
CONCLUSION 57

ON TROUVE
Chez les SŒURS FRANCISCAINES
Rue de la Teste, 36, BORDEAUX.

L'Auréole Séraphique : Vie des Saints et des Bienheureux des Trois-Ordres de Saint-François, par le T. R. P. LÉON. — 4 v. Prix : 14 fr. ; par colis postal : 14 fr. 85 ; par la poste : 16 fr

Manuel du Tiers-Ordre de Saint-François, par les Frères Mineurs. — Prix, franco, 1 fr. 50.

Constitution sur la règle du Tiers-Ordre franciscain séculier. — Un ex., 0 fr. 15 ; le cent, 10 fr.

Les sept Fleurons de la Couronne Franciscaine, par le P. APOLLINAIRE, min. obs. — Prix, franco, 0 fr. 30.

Histoire de la Portioncule, par le P. BARNABÉ, min. obs. Franco, 1 fr. 25.

Doctrine spirituelle de Saint François, par le P. APOLLINAIRE, min. obs. — Prix, franco, 5 fr.

Tableau synoptique de l'histoire de tout l'Ordre séraphique, de 1208 à 1872, par le P. MARIE-LÉON PATREM, missionnaire apostolique en Terre Sainte. — Prix : 3 fr.

Vie populaire et édifiante du glorieux saint Roch, du Tiers-Ordre de Saint-François, par le P. IRÉNÉE, d'Orléans, min. obs. — Prix, franco, 0 fr. 50.

Le Missionnaire ou l'Art des missions, par le R. P. HILARION, min. obs. — Prix 0 fr. 70.

Aux âmes de bonne volonté, Règlement de Vie, par le R. P. GEORGES, min. obs. — L'unité : 0 fr. 10 ; la douz. : 0 fr. 90.

Le Chemin du Ciel, par St Léonard de Port-Maurice. 1 fr. 25.

L'Ecclésiastique Tertiaire, par un ancien supérieur de grand séminaire. 1 fr. 60.

Le Cœur de Jésus, par le R. P. JEAN-MARIE, min. obs. 1 fr. 80.

Étude sur la Vie et les Œuvres de saint Bernardin de Sienne, par le P. APOLLINAIRE, min. obs. — Prix : 2 fr. 25 franco. chez Oudin, 51, rue Bonaparte, Paris.

Le Bienheureux Gabriel-Maria, par le R. P. OTHON. 0 fr. 25.

Le Bienheureux Bonencontre, par le R. P. GUY. 0 fr. 50.

REVUE FRANCISCAINE

BULLETIN MENSUEL

DU

TIERS-ORDRE DE SAINT-FRANÇOIS

publié avec approbation

DU MINISTRE GÉNÉRAL DE L'ORDRE

Prix de l'abonnement pour un an du 1ᵉʳ janvier et du 1ᵉʳ juillet, pour la France et l'Algérie, en mandat-poste : 3 fr. ; 3 fr. 25 en timbre-poste ; Etranger : 4 francs.

S'adresser à BORDEAUX, 204, RUE DE PESSAC.

imp. par Desclée et Cie, Piazza Grazioli (Palazzo Doria) ROME.

www.ingramcontent.com/pod-product-compliance
Lightning Source LLC
LaVergne TN
LVHW021726080426
835510LV00010B/1156